AF236200

APOLOGIE DES SOKRATES

Vortrag

von

Dr. Harun Pačić

Prof. (FH) an der FH des BFI Wien,
Privatdozent der Universität Wien

Harun Pačić

APOLOGIE DES SOKRATES

Vortrag

(Transkript)

gehalten am 7. Mai 2021 an der FH des BFI Wien in Kooperation mit der Andrássy Universität Budapest

Bibliografische Information der Deutschen Nationalbibliothek:
Die Deutsche Nationalbibliothek verzeichnet diese Publikation
in der Deutschen Nationalbibliografie; detaillierte bibliografische Daten sind im Internet über http://dnb.dnb.de abrufbar.

Herstellung und Verlag: BoD – Books on Demand, Norderstedt

ISBN: 978-3-7534-2039-4

Inhaltsverzeichnis

Vortrag 9

Teil I 9

Teil II 17

Teil III 35

Vortrag

Teil I

0.

PLATON – geehrte Damen und Herren, werte Kolleginnen und Kollegen, liebe Studierende – hat mit der APOLOGIE DES SOKRATES am Erkennen und Verkennen der Rechts*idee* veranschaulicht, *dass* und *wie* Politik und Ethik einander in der Wirklichkeit der *Vernunft* berühren; und *sie* ist nicht leblos, nicht abstrakt, nicht unpersönlich – *darum* wird uns *das*, was wir erschauen, nicht unberührt gelassen haben.

Vernünftigkeit war für Sokrates eine Herzensangelegenheit; schließen wir seine *Philosophie* ins Herz, so öffnen wir *uns* der Vernunft.

1.

Wir sprechen also über die Apologie, die *Verteidigungsrede* des Sokrates vor Gericht: über Erkenntniskritik, die Platon *vor*trägt, indem er Rechtskritik *nach*trägt.

Von *Sokrates* wissen wir wenig, weil er uns keine Schriften hinterlassen hat, jedoch gibt es verlässlich Zeugnisse *über* ihn; *auch* und insb. von Platon, *einem* seiner Schüler.

Was die *Apologie* betrifft, so ist sie zwar auch von Xenophon überliefert, aber dieser war damals nicht am Schauplatz, nicht an der Seite von Sokrates. Platon *war* zwar zugegen, aber wir dürfen auch *seine* Darstellung nicht als getreuen *Bericht* lesen, denn das ist sie nicht.

In Platons Werken ist Sokrates der Hauptakteur – es handelt sich um Dialoge, die *das* wiedergeben, was *Platon* gedacht hat, aber in einer Art und Weise, *wie* Sokrates gedacht hat: wie er es gesagt *hätte*, wenn er Platons Meinung gewesen wäre.

Von Sokrates ist nur eine Methode bekannt, nicht der Inhalt; keine *Lehre*, sondern eine *Methoden*lehre.

Die Apologie ist *kein* Dialog, sie ist weitgehend ein Monolog; ein *Plädoyer* – besser gesagt. Was sie zur Sprache bringt, das fügt sich nicht restlos in das platonische Lehrgebäude – *darin* schimmert die *historische* Persönlichkeit des Sokrates durch.

Wer über Sokrates spricht, kommt nicht umhin, auch Platon anzusprechen.

Alfred North *Whitehead* – *der*, der mit Bertrand Russell die „Principia Mathematica" geschrieben hat, hielt in „Prozess und Realität" fest, die philosophische Tradition Europas sei wie eine Aneinanderreihung von Fußnoten zu Platon.

Wie jemand Platon interpretiert, lässt erkennen, wie er oder sie denkt; wir werden sohin mit *unserer* Interpretation, die wir notgedrungen anstellen müssen, um uns zwischen den Worten Platons der Philosophie des Sokrates zu nähern, etwas darüber erfahren, wie *wir* denken – und wie wir *denken*, wie sich unser *Denken* als solches denken lässt.

2.

Nun denn. Der Schauplatz, den ich zuvor erwähnt habe, ist das antike Athen, eine *Polis*, ein Stadtstaat. Wir sind im Jahr 399 vor der Zeitendwende. Sokrates ist 70 Jahre alt und steht zum ersten Mal vor Gericht.

Meletos, Anytos und Lykon haben eine Sammelklage gegen Sokrates eingebracht – *sie* fungierten als Staatsanwaltschaft und beschuldigten ihn des Ungerichts der *Asebie*, das heißt des Kapitalverbrechens der Abkehr von der Religion, Gottlosigkeit, Abtrünnigkeit, zudem verbunden mit dem Vorwurf, die Jugend zu verderben.

Das zuständige Gericht war die Heliaia, ein *Volks*gericht, das aus 6000 Mitgliedern bestand, wovon 500 oder 501 hierüber zu befinden hatten. Es fand ein *öffentlicher* Prozess statt – Sie können sich das vielleicht im Freien, mit vielen Zuschauern vorstellen. Zuerst ging es um die *Schuldfrage*, wobei Sokrates mit 280 Stimmen für schuldig befunden wurde, *danach* um die *Strafe*, wobei sich 80 *jener* Geschworenen, die soeben von der *Un*schuld des Angeklagten überzeugt waren, dem Antrag der Ankläger auf seine *Hinrichtung* angeschlossen haben.

Sie *merken* schon, dass es sich hier wohl kaum um ein *faires* Verfahren gehandelt haben wird.

3.

Die eingebrachte Anklageschrift besagt, Sokrates verhalte sich *atheistisch*. Das war jedoch nicht *das*, was damit *gemeint* war.

Es geht hier nicht darum, was er glaubte oder nicht glaubte, denn vor *Gericht* kann nur das beurteilt werden, was jemand *tut* und sagt – das Recht hat es mit dem Verhalten zu tun; der Glaube ist nicht *justiziabel*.

Wenn sich ein Bürger oder eine Bürgerin *wohl*verhält, dann spielt die Moralität seines bzw. ihres Verhaltens *rechtlich* keine Rolle. Sie sehen an der Formulierung der Anklageschrift, dass es um ein *Verhalten* ging, das der Staatsreligion widerstreitet.

Aber was sollte das denn; was hat es damit auf sich?

Ging es den Anklägern darum, ob er an den Kulthandlungen teilnimmt – das waren öffentliche Anlässe; und es gibt keinen Hinweis darauf, dass Sokrates den Prozessionen ferngeblieben wäre. Ging es vielleicht *doch* darum, was er *glaubte* oder nicht glaubte? Wäre *das* der Fall, so stünde nicht sein Verhalten zur Beurteilung, sondern seine Weltanschauung – aber eine solche lässt sich nicht *erzwingen*, ist also kein Gegenstand staatlicher Rechtsetzung und Durchsetzung. Rechtliche Anordnungen sind von ermächtigten Menschen für eine Bevölkerung festgesetzt, doch ist es die *Gesellschaft*, die sie bekräftigt oder entkräftet.

Was man ihm zu glauben hätte vorwerfen können, wodurch er nach Auffassung der Ankläger die Jugend hätte vom rechten Weg abbringen können, das waren altbekannte und öffentlich zugängliche Ansichten. Sokrates wies darauf hin, dass man am Markt preisgünstig Schriften des *Anaxagoras* erwerben könne. Von dessen Lehre sagt man, sie habe den „Rückzug der Götter" eingeleitet.

Jahrzehnte *zuvor* ist er bereits wegen Asebie *verbannt*, des Landes verwiesen worden. Auch *Protagoras* wurde verbannt – jener, der über die Götter sagte, er *könne* gar nicht wissen, *ob* es diese gibt oder *wie* sie beschaffen seien. Eine naturalistische Sichtweise hatte sich *etabliert*; und warum sollte, warum wollte man jetzt noch *Sokrates* dafür belangen?

Weil es verbreitete Meinung gewesen sein dürfte, dass seine Methode *anarchistisch* sei – die öffentliche Ordnung gefährde. Wer eine *andere* Weltentstehungslehre, Kosmo*gonie*, vortrug, hat sich zwar von der alten Religion, aber nicht unbedingt von ihrer Kosmo*logie* abgewendet, solange er bzw. solange sie am *göttlichen Prinzip* festhielt, an einem Urgrund, einer *Archē*. Und warum war es ihnen so wichtig, an das *Göttliche* zu glauben? Weil es um *Ordnung* ging, *politische* Ordnung, denn die Polis galt als Abbild des Kosmos, wohlgeordnet.

Wenn Sie „Politeia" von Platon lesen, dann stellen sie fest, dass er eine Ordnung der *Seele*, die vom Göttlichen herrühre, auf die *Polis* überträgt und meint, alle Stände, alle Klassen der Gesellschaft hätten bestimmten Aufgaben nachzukommen, die von ihnen zu erwarten seien: *Jedem das Seine* – also *das*, was stadtstaatlich verordnet sei; in der Ordnung der Polis gründet.

Man warf Sokrates vor, die attische Politik zu *ent*gründen, ihr das Fundament zu entziehen, und *das* war eine gefährliche Anklage in Zeiten des Umbruchs; denn vor kurzem tobte noch der peloponnesische Krieg, in dem Athen die Vormachtstellung eingebüßt hatte und die Spartaner gesiegt hatten. Die attische Demokratie ging zu Ende, wurde von der Herrschaft der dreißig Oligarchen abgelöst, eine tyrannische Phase – und nur wenige Jahre vor dem Strafprozess gegen Sokrates ist die Demokratie wiederhergestellt worden.

Es fehlte ihr an der Ausrichtung, an einer standfesten, einer haltbaren Grundlage, einer Fundierung in der Gesellschaft. Die frühe Demokratie *unterscheidet* sich zwar von der modernen, doch der wesentliche Unterschied besteht *nicht* darin, dass die eine *direkte* Demokratie war und die andere *repräsentative* ist, denn *so* oder *so* war bzw. ist sie ein förmliches Verfahren zur generellen Rechtsetzung, das in der Idee der *Freiheit* gründet. *Wesentlich* ist der Unterschied, dass ihr noch das Bewusstsein für die Tragweite der Beschränkung *dieser* Idee durch die Idee der *Gleichheit* und damit durch eine Ethik der Toleranz fehlte, die mit weltanschaulichem Absolutismus unverträglich und der darum auch *politischer* Absolutismus abträglich ist.

4.

Wie *kam* es denn überhaupt zu diesem Vorwurf; warum schien Sokrates ein Anarchist zu sein? *Aristoteles*, Schüler von Platon, gibt uns einen Hinweis. Er hat in seiner „Metaphysik" notiert, dass Sokrates eigentlich nur *fragte*; er hinterfragt fortwährend.

Das interessante an seiner Frage*stellung* wird gewesen sein, dass er mit aller Konsequenz die *Was-ist*-Frage stellte. Das ist die Form der Frage nach der Archē, dem Grund oder auch dem *Allgemeinen*.

Sokrates fragte unentwegt: Was ist Tapferkeit, Frömmigkeit usw.? *Das* war nur *nicht* das Problem. *Was* war denn *dann* das Problem; was war es, das ihn gefährlich machte, in den Augen seiner Ankläger?

Es war offenbar nicht der Umstand, *dass* er Grundbegriffe hinterfragte – dies machten auch die berüchtigten Sophisten, Weisheitslehrer. Nein, es war seine Eigenart, *keine* Antwort für definitiv zu halten.

Die politische Ordnung war weltanschaulich rückgebunden an den göttlichen *Kosmos:* wenn die Welt *nicht* göttlich wäre, dann wäre sie nicht in Ordnung, *oder?* Eine *natürliche* Ordnung dürfe nicht vorstellbar gewesen sein; für Aristoteles stellte eine solche *kein* Problem dar, aber *er* gehörte zur nachfolgenden Generation – für sie, damals musste sie eine *göttliche* sein; ist die Natur *nicht* göttlich geordnet, so sind es auch die sozialen, die politischen Verhältnisse nicht – *das* war ihre Befürchtung.

Niemand *verkörpert* wie Sokrates das, was sie befürchteten.

Was *war* es, wovor sie sich so fürchteten? *Was* verkörpert Sokrates? Platon *sagt* es zwar nicht, aber er *zeigt* es uns in der Art und Weise, *wie* die Apologie gestaltet ist. Er gibt uns darin zu verstehen, dass es um *kritisches* Denken geht – die Wurzel der Wissenschaft. Aus kritischer *Haltung* erwächst Demokratie.

Demokratie ist als Methode der generellen Rechtsetzung ein *arbeitsteiliger* Prozess einer – nunmehr – in *Parteien* geteilten Gemeinschaft, die nicht nur die Abgeordneten zum *Parlament* wählen, sie *aus*wählen, sondern auch wieder *ab*wählen kann.

Die Kraft der politischen Integration durch Gesetzgebung im Parlament *bindet* die Verwaltung ans Gesetz; dies ist als Prinzip der Legalität bekannt. Während die Opposition die Regierung kontrolliert, entzieht die *Bürokratisierung* der Verwaltung diese dem parteipolitischen Einfluss – *Ent*politisierung.

Wissenschaft wahrt die Unabhängigkeit der Rechtsprechung mithilfe *der* Begründungs*anforderung*, die der demokratischen *Gesinnung* entspricht.

Wie kann eine *demokratische* Gesinnung einer Demokratie gefährlich sein? Wir sagten es bereits: Frühe Demokratie war keine der persönlichen Gleichheit, Toleranz, weltanschaulicher *Offenheit*. Wer sich *verschließt*, fürchtet *das*, was kommt, denn es ist *anders*, unbekannt.

Die Apologie rechtfertigt bei genauerem Hinsehen weder die Weltanschauung noch das Verhalten des Sokrates – wir wissen nicht, was er geglaubt und wie er sich verhalten hat. Was darin gerechtfertigt wird, ist die *Philo*sophie, wie Sokrates sie *leibte und lebte:* die Freundschaft oder Liebe *zur* Weisheit; im Wege der Kritik, Überlegungen von Immanuel Kant vorwegnehmend.

Wie *hat* denn Sokrates die Philosophie verstanden?

In der Tat hat er sie definiert als das *Festhalten an Weisheit, die im Kommen bleibt*.

[Was das zu bedeuten hat, werden wir in Erfahrung bringen, doch zunächst machen wir eine Nach-denk-pause.]

Teil II

5.

Die Apologie des Sokrates beginnt *so*, dass wir erfahren, dass zuvor seine Ankläger gesprochen haben. Rhetorisch dürften sie geglänzt haben – die *Redekunst* war eine geschätzte Fertigkeit, *wie* bei Versammlungen, *so* vor Gericht; denken Sie nur an die „Topik" und die „Rhetorik" von Aristoteles. Auch heute noch ist sie dann und dort wichtig, wenn und wo das *gesprochene* Wort gewichtig ist – im anglo-amerikanischen System noch mehr als in Kontinentaleuropa, wo das Geschriebene im Vordergrund zu stehen scheint.

Sokrates *will nicht* mit Rhetorik auftrumpfen, er will sachlich verfahren, argumentieren, denn dazu sind Gerichte eingesetzt: sie *hören* sich alle Parteien an. *Warum* wohl? *Was* stellen Sie sich vor, wenn Sie an *Justitia* denken? Was hält sie in der Hand, ist es nicht eine *Waage*? Die Waage dient der Abwägung und dem Ausgleich – *dies* erfordert: *Gründe*, über die *nach*gedacht werden kann. Das Gericht darf deshalb nicht *vor*eingenommen, es darf nicht emotional kompromittiert sein, es hat *rational* zu entscheiden.

Haben Sie das Gesicht der Justitia vor Augen, trägt sie nicht eine *Augenbinde*? Sie verschließt ihre Augen vor dem Ansehen, dem Amt, dem Geld, der Macht – sie hört sich die Gründe und Gegengründe an und entscheidet nach *dem*, was Recht ist, und was billig ist – wie man hinzuzufügen pflegt.

Das deutsche Grundgesetz drückt es *so* aus, dass die Justiz an Gesetz *und* Recht gebunden sei: das will sagen, dass Recht *mehr* ist als das Gesetz, es *dient* der Gerechtigkeit, oder es ist ihr zu dienen gedacht. *Darauf* kommen wir später noch zurück.

Wenn und weil es so ist, sollte es vor Gericht auf Redekunst *nicht* ankommen, sondern auf die Überzeugungskraft dessen, was vorgebracht wird. Daher sagt Sokrates, dass er *so* reden werde, wie er es am Marktplatz gewohnt sei – das *sagt* er, aber er baut sein Plädoyer nach dem Muster einer Gerichtsrede auf; es ist strukturiert und durchdacht – von Platon. Lassen wir uns also nicht ablenken von dessen Worten, schauen wir, was der Text selbst tut, was er *performt*: was er zum Ausdruck bringt.

6.

Was das *Gericht* betrifft, so äußert Sokrates als Bedenken, dass zahlreiche Mitglieder: viele Geschworene *befangen* seien; dass sie ihn schon vorverurteilt hätten – ein Problem, das wir heute noch kennen, nur gibt es *nunmehr* Möglichketen, Befangenheit zu *rügen*. *Wir* haben also vorgesorgt, sodass es zu einem fairen Prozess kommen *kann*.

Aber, *wann* ist der Prozess fair? *Ideale* Diskursbedingungen dürfen wir in der Realität wohl nicht erwarten, wohl aber muss die Prozessführung Wahrheits*suche* wie auch den *Versuch* der Verwirklichung von Gerechtigkeit zu erkennen geben, denn der Justiz wird zuge*mutet*, und also wir ihr zuge*traut*, die Wahrheit zu ergründen.

Es lag damals sicherlich eine gewisse Stimmung in der Luft, die Sokrates die Verteidigung erschwert hat – er erwähnt zum Beispiel die Komödie „Die Wolken" von *Aristophanes*, worin er verunglimpft wird.

Satire, satirische Überspitzung – *so* hätten *wir* das genannt; sie mag kreativ deuten, was wem wie zur Last gelegt wird, sie endet aber *da*, wo Beschuldigung widerrechtlichen Verhaltens beginnt – erfolgt sie wissentlich falsch, heißt das Verleumdung.

Sokrates war medial vorverurteilt worden. Das Problem mit Vorurteilen liegt darin, dass kein Argumentieren dagegen hilft, wenn man sich der Vernunft verschließt und einen Gegenstand emotional – wie Sigmund Freud sagen würde – „besetzt".

Sokrates meinte daher, er müsse dem Gericht die Vorurteile „ausreden", dafür also doch auf Rhetorik zurückgreifen und an Gefühle appellieren – etwas, das er ansonsten *strikt* ablehnt, wenn es um Rechtsprechung geht.

Im Normalfall räumt man Vorurteile aus, indem man *zeigt*, dass es sich anders verhält, denn *dann* kann man es nicht mehr leugnen – nur verdrängen. Das geht aber in diesem Fall nicht, weil die Zeit drängt, sie reicht nicht aus. Die Verhandlung kann nicht vertagt werden, über Schuld und Strafe wird am selben Tag entschieden, obwohl es Zeit *braucht*, bis sich Argumente absetzen, bis man sie verinnerlicht hat, um sein sog. Judiz, sein Rechtsgefühl der Vernunft einzuverleiben.

Immerhin gab ihm das *geregelte* Verfahren die Möglichkeit, Stellung zu nehmen, weil es eine öffentliche *Anhörung* vorsah. Das ist das Schöne am Prozess: er lässt *beide* Seiten zu Wort kommen. Sokrates bezweifelte, dass das Gericht auf ihn hören, aber er hegte Hoffnung, dass seine Rede nicht vergebens sein wird; dass sie künftig seine Unschuld erweisen wird, wenn sie nachgeprüft sein wird. Sie *öffnet* sich der Prüfung, verschließt sich ihr nicht.

Sokrates wollte klargestellt wissen, dass er *kein* Sophist sei; niemand, der Weisheit lehrt – nicht jemand, der sie für sich in Anspruch nimmt. Es ging ihm *nicht* darum, eigenes Wissen zu vermitteln, sondern zu ermitteln, worauf Wissen letzten Endes gründet. Es ging ihm um die *schlusslogische Letztbegründung*; diese ist der Erkenntnislehre von Kurt Walter *Zeidler* in seinem „Grundriss der transzendentalen Logik" entlehnt – wir legen sie unseren Überlegungen zugrunde.

7.

Aristoteles hat uns mitgeteilt, dass Sokrates an den *ethischen* Fragen interessiert war. Hierfür pflegte er Erkenntnis*kritik*, das ist: Eruieren der Bedingungen der Möglichkeit von Erkenntnis, Beantwortung der Frage, *wie* Erkenntnis möglich ist, wie sie zu denken ist, um immerzu begründet zu sein, sodass der Grund, worauf sie steht, standfest *bleibt*.

Es geht nicht um Erkenntnis als Phänomen, Epiphänomen; damit war Platon befasst, dem wir eher eine Erkenntnis*theorie* zuschreiben können. Man unterscheidet in der Erkenntnislehre: -theorie und -kritik. Theorie oder eigentlich im Plural: Theori*en* können sich die Erkenntnis beispielsweise als ein psychisches, ein biologisches, ein sprachliches oder etwa als ein Phänomen der Konvention unter Wissenschaftlern und -innen anschauen. Kritik ist hingegen mit dem Erkenntnis*problem* befasst – damit, wie sich Erkenntnis und mit ihr Vernunft und das Denken selbst denken lässt. Sie zielt auf eine Logik des *Denkens* ab, nicht nur der Gedanken – des *Erkennens*, nicht lediglich des Erkannten.

Sokrates sagt zwar, es gehe ihm um Weisheit, aber nicht in einem *absoluten* Sinne – nicht um einen Grundgedanken, der immerdar und in jeder Hinsicht als wahr erwiesen werden soll, sondern – wie er sagt – um Weisheit von „menschlichem" Maß, sohin um Vernunft, um das rationale Denken, die verinnerlichte Vernünftigkeit.

Platon machte das mit der Erzählung vom *Orakel* zu Delphi deutlich, das – aus dem Munde der weissagenden Pythia – dem Sokrates Weisheit *beschieden* haben soll. Damit habe er nicht gerechnet, da er sich nie für weise gehalten habe, weshalb er alles darangesetzt habe, den Orakel-Ausspruch zu widerlegen, zu falsifizieren. Er habe Politiker, Handwerker und Dichter, die als weise gegolten haben, befragt – viele Leute im Laufe der Jahre; *Leute*, die glaubten, wissend zu sein, *ohne* es zu sein – sobald man *gründlich* nachfragte, waren sie alsbald ratlos.

Platon führt die Anklage *ad absurdum*, indem er Sokrates als göttlichen Gehilfen präsentiert – ihn, dem man Gottlosigkeit vorwirft. Sokrates handle gleichsam im göttlichen Auftrag, weil er den Athenern vor Augen führe, dass nur Gott allein wahrhaft weise sei; ab-solut, un-bedingt weise. Die Armut des Sokrates bestätige, dass er selbstlos seinen Auftrag erfüllt habe, nie auf persönlichen Vorteil bedacht gewesen sei.

Was uns Platon sagen will, ist, dass Philosophie nicht *gottlos* sei, denn sie finde göttlichen Rückhalt insofern, als sie beweise, dass dem Menschen nicht göttliche Weisheit eigentümlich sei.

Beachten Sie, dass er weder von *dem* noch von *irgendeinem* Gott spricht, sondern von *Apollon*. Hierin liegt eine Anspielung auf den Tempel zu Delphi, wo geschrieben steht:

Erkenne dich selbst!

Wenn und weil es göttlicher Wille ist, dass der Mensch *selbst* denkt und erkennt, *kann* Religion nicht wider die Vernunft sein; und Vernunft wird zur *Grenze* der Religion. Kant hat darüber ein Buch geschrieben: „Die Religion innerhalb der Grenzen der bloßen Vernunft". Vernunft darf nur nicht *so* gedacht werden, als würde sie einen Inhalt ein für alle Male, endgültig vorgeben.

Stattdessen ist sie als Regel zur Etablierung von Regeln zu denken; wie oft, wie lange hat man dies und das für vernünftig gehalten, obwohl *rückblickend* kein Zweifel bleibt, *dass* es und *wie* unvernünftig es war – denken Sie da nur an Kant; *derselbe* Kant, der als Symbolfigur der Aufklärung gilt, hat noch in seiner Anthropologie *rassistische* Aussagen gemacht.

Wir sprechen nicht davon, was *jemand* für vernünftig hält, sondern darüber, *was* Vernunft ist, *wie* wir rational begründen können, *wann* Erkenntnis grundfest ist.

8.

Was ist *Erkenntnis*? Greifen wir *einen* Namen heraus, welchen Sokrates erwähnt: *Gorgias* von Leontinoi. Er schrieb ein Buch: „Über die Natur" oder „Über das Nichtseiende", worin er sich von Parmenides abgrenzt – und es ist eigentlich nur vor dem Hintergrund der Lehre desselben verständlich. Worum es *uns* damit geht, ist, dass er darin eine *radikale Skepsis* dadurch zu Wort bringt, dass er sagt: Erstens, es *ist Nichts*. Zweitens, auch dann, wenn es etwas gäbe, wäre es nicht erkennbar. Drittens, falls wir es erkennen könnten, wären wir nicht in der Lage, es anderen mitzuteilen.

Wichtig ist nicht, worauf er damit abzielte, sondern, dass er dadurch die *Möglichkeit* jeglicher Erkenntnis negiert. *Indem* er das tut, zeigt er aber auf, worauf sich Erkenntnis bezieht.

Alle Erkenntnis ist bezogen auf ein *Objekt*, ein *Subjekt* und die *Sprache*, die sie *vermittelt* und wodurch sie vermittel*bar* ist, sodass sie aus alledem *resultiert*. Zeidler sagte, Erkenntnis sei jemandes vermittelbares Wissen von etwas; sie sei *Wissen*, das sich aus dem Erkenntnisvollzug des Subjekts, dem Bezug auf ein Objekt und der Sprache *ergibt*.

Wissen ist ein Ergebnis, Erkenntnisresultat. Das Subjekt hat die *Auf*gabe, das ihm *vor*gegebene Objekt so zu erfassen, dass das Wissen darüber mithilfe dessen, *was* wir wissen, adäquat ausgedrückt werden kann.

Mentalistische Aufklärungs-, naturalistische Erklärungs- und linguistizistischen Klärungs- sowie szientistischen Abklärungs-versuche scheitern an der *Über*betonung des sprachlichen, des subjektiven oder des objektiven Aspekts oder an Verwechslung von Erkenntnisresultat mit Erkenntnisobjekt. Denken Sie an ein Gesetz, eine Vorschrift: *das*, was da *geschrieben* steht, ist das Objekt, *woraus* in der Rechtserkenntnis eine Norm *resultiert* – Hans Kelsen würde sagen, die Gesetz*gebung* sei als Willensakt ein „Sein", die *im* und *mit* dem Gesetz gegebene Norm als *Sinn* des Willensaktes sei hingegen ein „Sollen".

Jede Erkenntnis hat also Subjekt-, Objekt- und Sprachbezug und nimmt man alle drei *zugleich*, so resultiert daraus Wissen. Was ist *Wissen*? Wir sprechen nicht von Wissen, *wie* etwas zu handhaben ist, sondern von Wissen, *was* etwas ist, von einem Gegenstand der Erkenntnis.

Wenn man Sie fragt, ob Sie wissen, wie man Schnürsenkel bindet, dann können Sie uns *zeigen*, wie man das macht, oder *sagen*, was „Schnürsenkel-binden" bedeutet, also beschreiben, zum Gegenstand der Erkenntnis machen. Auf Platon geht wohl die Auffassung zurück, Wissen sei wahre begründete Meinung.

Um ein Problem zu vermeiden, auf welches Edmund Gettier hingewiesen hat, wird präzisiert: wahre, begründete und bzgl. der Gründe nicht untergrabene Meinung. Wissen ist sonach das gerechtfertigte Fürwahrhalten. Lassen wir die *Wahrheit* vorerst beiseite und kommen zunächst auf *Begründetheit* zu sprechen.

9.

Wir können Aussagen und Feststellungen formal-axiomatisch oder empirisch begründen, doch mündet das Verfahren *dann*, wenn wir es auf diese Alternativen *beschränken*, stets in einen endlosen Begründungsregress, verläuft sich in einem logischen Zirkel oder wird abgebrochen, weil die *Verknüpfung* von Logik und Empirie fehlt.

Hans Albert hat das in Anlehnung an Baron Münchhausen, von dem gesagt wird, er habe sich am eigenen Schopf aus dem Sumpf gezogen, *Münchhausen-Trilemma* genannt. Sehen wir uns Beispiele dafür an: „Das Gesetz gilt, weil es Gesetz ist, und es ist Gesetz, weil es gilt." Hier drehen wir uns im Kreis herum. „Das Gesetz gilt, weil es in einem höheren Gesetz gründet und dieses, weil es in einem höheren gründet," das könnten wir so endlos fortsetzen, doch irgendwann müssen wir aufhören, wir müssen abbrechen – und da sind wir beim *Dogma*: wir haben eine *unbegründete Grundlage*.

„So handle ich eben", wie Ludwig Wittgenstein sagte. Oder: „Gesetz ist Gesetz." Oder: „Gesetze gründen in der Verfassung und die Verfassung *nehmen* wir als Grundlage *an*." *Hier* haben wir die *Grundnorm*, von der Kelsen spricht – sie ist ein Dogma, Ausdruck des rechtsdogmatischen Abbruchs des Begründungs-verfahrens.

Begründungsskeptizismus ist dennoch fehl am Platze, denn obzwar das Trilemma nicht widerlegt werden kann, ist es doch *überwindbar*. Jeder einzelne Begründungsstrang mag nämlich für sich allein anfechtbar sein, aber *zusammengenommen*, als Begründungs*geflecht* zeichnet sich ab, was eine Begründung zur Grundlage macht, auf der wir tatkräftig aufbauen können.

Sie kann *vernünftig* sein oder unvernünftig, und vernünftig ist sie, wenn sie *schlüssig* ist – schlüssig ist sie, wenn sie als selbstbegründender Zusammenhang *dreier* Schlüsse gedacht wird, welche wir: *Deduktion*, *Induktion* und *Abduktion* nennen.

Man denkt oftmals nur die ersten beiden, vernachlässigt den letztgenannten Schluss, der den Zusammenhang erst herstellt. *Was heißt das*? Beginnen wir mit der Deduktion – *sie* ist der Schluss von Regel und Fall, Obersatz und Untersatz, auf das Resultat, die Konklusion. Derart verfährt unsere *formale* Logik; seit der „Begriffsschrift" von Gottlob Frege als *mathematische*. Der aristotelische „Syllogismus", zu dem sie zurückreicht, gibt begrifflich zu verstehen, dass es hierbei um das *Rechnen* geht, *gleichsam* ums Rechnen. Wie ist das zu verstehen?

Alle Menschen sind sterblich, Sokrates ist ein Mensch, also: ist Sokrates sterblich. Sokrates wird unter Mensch *subsumiert*, denn der Begriff „Mensch" enthält alle Menschen und Sokrates ist ein Mensch, oder? Aha! *Wenn* alle Menschen sterblich sind, und wenn Sokrates ein Mensch ist, *dann* ist auch er sterblich; *so* sehen wir, dass die Deduktion *unergiebig* ist – sie sagt uns nichts, was wir nicht wissen; sie zeigt, was worin *enthalten* ist, damit wir uns nicht widersprechen.

Und was ist die Induktion? Das ist der Schluss von Fall und Resultat auf die Regel. Sie wird als Gegenspiel der Deduktion ausgegeben: Deduktion als der Schluss vom Allgemeinen aufs Besondere, Induktion als Schluss vom Besonderen, Einzelnen auf das Allgemeine.

Jeden Tag ist die Sonne aufgegangen, morgen ist ein Tag, also wird sie erneut aufgehen; *wird sie das?* David Hume, der auf das Induktionsproblem aufmerksam gemacht hat, meinte, die Überzeugung, *dass* dies so sei, beruhe auf *Gewohnheit* und *Glauben*.

Ein *Problem* entsteht hier aber nur dann, wenn man meint, man könne allein aus der Warte unbeteiligter Beobachter über Umstände der Erfahrung reden.

Da man Erfahrungen *machen* muss, ehe man Erkenntnisse haben kann, bedarf es hier eines Perspektivenwechsels.

Für die handelnd Beteiligten stellt sich das Problem nicht, denn *sie* bewegen sich nicht in der Welt von Gegenständen der Erkenntnis, wie Zeidler bemerkt, sondern in einem Gefüge von Umständen, das sie tuend, leidend erfahren. Was wir erfahren, das ist das Einzelne, das ist Besonderes *als Repräsentant* eines Allgemeinen.

Formallogisch ist die Induktion ungültig; sie setzt ja etwas voraus, nämlich, dass das Einzelne, das Besondere, der Fall zu etwas Allgemeinem, zu einer Regel *gehört*.

Also *beide*, Deduktion wie auch Induktion, bauen auf einem Vorverständnis auf, nur ist das bei der Induktion augenscheinlicher, denn jede naturwissenschaftliche Aussage *kann* und – wenn es nach Karl Popper geht – *muss* sie an der Erfahrung *scheitern* können.

Wie gesagt, fehlt es noch an der Verknüpfung von Logik und Empire. Nehmen wir ein klassisches Beispiel: Die Schwäne, die man *kannte*, waren alle weiß, doch *dann* ward ein schwarzer Schwan gesichtet, weshalb man sagen musste, dass nicht *alle* Schwäne weiß sind. Sind sie das *nicht*? Wie kam man auf Idee, das Tier mit schwarzem Gefieder einen „Schwan" zu nennen? Ist das so selbstverständlich?

Nein, ist es nicht. Denken Sie, als *trauriges* Beispiel, daran, *wie* Leute über die Hautfarbe dachten oder denken. Für *uns* ist es selbstverständlich, dass *alle* Menschen gleich sind, aber für einen *Rassisten* ist es das nicht. Wir würden gleichwohl sagen, dass die Meinung des Rassisten *unhaltbar*, nicht vertretbar ist. Warum? Weil sie unvernünftig ist, *nicht* abduktiv bezeugt ist, das *Wesentliche* verfehlt, da sie den Menschen auf ein Merkmal reduziert, das für seine *Würde* ohne Belang ist.

So, jetzt *nähern* wir uns der sokratischen Methode. *Was* ist *Abduktion*? Wir verstehen Sie, wie Zeidler, *ausgehend* von der Analogie bei Hegel und Hypothese bei Charles Sanders Peirce. Wir können sie als positive Abstraktion bezeichnen – durch die negative Abstraktion wird Unwesentliches ausgeklammert, die positive hebt Wesentliches hervor, weist darauf hin; nur dann, *wenn* wir wissen, *was* wesentlich ist, können wir absehen vom Unwesentlichen. Abduktion ist der Schluss von einer Regel und einem Resultat auf den *Fall*. Die Subsumtion eines Besonderen unter ein Allgemeines erfordert die induktive Erschließung des Allgemeinen *und* die begriffliche Bestimmung des Besonderen.

10.

Die Abduktion bringt als logische Synthesis, die den Fall *zur* Regel und damit die *Anwendbarkeit* dieser Regel *eröffnet*, den Akt der begrifflichen Bestimmung, Begriffsbildung zur Sprache.

Wenn Sie meinen, man könne die Anwendung jeder Regel schlichtweg *regeln*, zum Beispiel durch Auslegungsregeln, wie wir sie im ABGB finden, dann gehen Sie bis zu einem gewissen Grad Fehl in dieser Annahme, denn auch *diese* Regeln müssen interpretiert, deren Anwendbarkeit muss *bezeugt* werden und dies Zeugnis muss *zur* induktiven Bewährung und deduktiven Stabilisierung hinzutreten.

Jede Regel ist in ihrem Bezug auf eine unbestimmte Anzahl von Fällen ungeregelt. Das *sokratische Gespräch* wird uns das verdeutlichen. Sokrates stellt also eine seiner Was-ist-Fragen, sogleich beginnt der Gesprächspartner aufzuzählen: Naja, das ist *zum Beispiel* dies, jenes; es ist, *wenn* dies und das. Sokrates berichtigt: Nein, nein – keine Beispiele, eine *Definition*! *Vor* ihm war das Definieren nicht üblich, bei Aristoteles war es bereits gängig. Sokrates fordert nun auf: Formuliere *allgemein*, sodass alle bekannten Fälle darunterfallen!

Er ging von einem extensional bestimmten Allgemeinen aus, einer Regel, worunter diese Fälle subsumiert werden können – die Rede ist vom *Subsumtionsallgemeinen*. Wir können fragen: Was ist der „Mensch", sodass „Sokrates" darunter subsumiert werden kann? Seit alters gilt der Mensch als rationales Wesen, das sprechen kann – das greift der Gesprächspartner hier auf.

Auf die Definition folgt der sokratische *Elenchos*, das ist die Prüfung am Beispiel von Allgemeinem, das repräsentiert wird durch ein Besonderes.

Wenn wir Sokrates für einen Menschen halten, dann müsste er vernünftig sein; aber, war er das immer, in jeder Hinsicht? Wenn wir an Sprache denken, gab es doch sicherlich eine Zeit, in der er als Kind *nicht* sprechen konnte. Die Definition ist u.U. *anzupassen*. Kommt es auf Vernunft- und Sprach*begabung* an?

Aber gibt es denn nicht auch Menschen, von denen wir nicht wissen, *ob* sie vernunft- und sprachbegabt sind, sein werden? Denken Sie an das Kind im Mutterleib, und denken Sie auch an Schwerstbehinderte. Wie Sie sehen, taugt die Definition nichts, wenn und da wir entschlossen sind, *sie* als unsere, *uns* als ihre *Mitmenschen* zu begreifen. Aber, was taugt denn als Kriterium?

Beim Gesprächspartner entsteht Ratlosigkeit – *Aporie*, doch Sokrates macht keinen Gegenvorschlag, sondern begnügt sich damit, ihm dabei zu helfen, seine *eigenen* Gedanken selbsttätig weiterzudenken und *neue* Hypothesen aufzustellen. Er nannte dies: *Mäeutik*, Hebammenkunst – als würde er sagen: ich helfe dir nur dabei, deine Gedanken auszudrücken, sie zu prüfen und anzupassen, ohne dir dabei vorzugeben, was du denken *sollst*. In den späteren platonischen Dialogen nutzt er diese Kunst nur als didaktisches Mittel, um *seine* Gedanken zu vermitteln, aber vergessen Sie nicht, dass es *nicht* Sokrates ist, der da spricht, sondern Platon.

Vom Extensional- oder Subsumtionsallgemeinen sind wird beim Intensional- oder Repräsentationsallgemeinen angelangt. Da Sokrates ein Mensch ist, repräsentiert er das Mensch-sein. *Wie* sind das Subsumtions- und das Repräsentationsallgemeine zusammenzuschließen? Dafür müssen wir *bewerten* – nicht nur urteilen, nicht nur *ein*ordnen, sondern *zu*ordnen, ein Werturteil darüber fällen, was die *wesentliche* Bestimmung ist.

Es bedarf eines *Sinn-* oder Transzendental-Allgemeinen. Im Ausgangsbeispiel war dies die „Sterblichkeit", die wir Sokrates und der Menschheit zuordnen; das Wesen der Götter besteht hingegen z.B. für Markus Tullius *Cicero* in ihrer *Un*sterblichkeit.

Das sokratische Gespräch endet *ergebnisoffen*; es wird kein Wesen festgelegt, sondern das Gespräch, der Diskurs auf die wesentliche Bestimmung *ausgerichtet*.

11.

Was ist diese *wesentliche* Bestimmung? Die *Idee* – um es mit Platon zu sagen: der Begriff, sofern wir ihn als Erkenntnis*grund* anerkennen. Indem wir das Allgemeine für das Besondere im vorausgesetzten Begriff als Idee, als Erkenntnisgrund setzen, bestimmen wir *uns* zugleich selbst als *Subjekte* der Prädikation, der Begriffsbestimmung – Subjekte, die Erkenntnis vollziehen.

Mehrfach habe ich das Wort „Begriff" verwendet – es ist hier funktionell zu verstehen: indem er Gegenstände der Erkenntnis *bezeichnet*, bildet er Sinn; indem er Umstände der Erfahrung *darstellt*, stellt er Gehalt vor; indem er Zustände des Erlebens *ausdrückt*, vermittelt er Wert.

Zustände, Umstände, Gegenstände; wir sind damit *vertraut*. Als Beteiligte machen wir Erfahrungen mit Umständen, die wir als Beobachtende zu *wieder*erkennbaren Gegenständen fügen. Platon deutete das *an* in der *Anamnesis*, Wiedererinnerung an geschaute Ideen.

Wenn wir vom „Lebensmittelladen" sprechen, so können wir uns darunter etwas *vorstellen* und es sinnhaft *abgrenzen*, auch verbinden wir *werthafte* Eindrücke damit, etwa über Schönheit der Einrichtung oder Güte des Angebots.

Die Umstände der Erfahrung legen es wohl als repräsentativ für den Lebensmittelladen nahe, mit Getränken ausgerüstet zu sein, aber nicht mit Waschmaschinen, wennzwar wir solche ab und an dort finden. Aber, *muss* er nebst Nahrungsmitteln auch Getränke anbieten, um ein Lebensmittelladen zu sein, oder ist er bei Fehlen von Wasser bloß schlecht ausgerüstet? Hierzu ist keine *Ab*grenzung möglich, bevor keine Grenz*ziehung* erfolgt, durch Werturteil.

Wir sprachen von „Begriffen", verwechseln sie das nicht mit „Worten", „Klimawandel" und „Climate Change" sind derselbe Begriff, aber nicht dieselben Worte. Wittgenstein sagte, Worte hätten Bedeutung, und ihre Bedeutung sei ihr Gebrauch in der Sprache. Der Begriff wahrt – wie Zeidler bemerkte – die *Einheit* der Bedeutung in ihrer Konstanz, bei ihrem Bedeutungswandel und für ihre Bedeutungsgebung, und *dies* als das *nun* bekannte Subsumtions-, Repräsentations- bzw. Sinnallgemeine.

Von „Sinn" sprach Wittgenstein nur bei *Sätzen*, bei Worten nur von Bedeutung. Wenn Sinn beim Satz für Verständlichkeit steht, ist er *dann* sinnvoll, wenn er *vergegenständlicht*, weil er gehaltvoll ist, Sachverhalte abbildet, *oder* weil er werthaltig ist.

Es gibt Sätze, die gehaltlos, aber verständlich sind, *so* wie: „1 + 1 = 2" oder „Gibt es Gott?" oder „Ich grüße Sie!". Wenn ich sage „Ich grüße Sie", dann will ich nicht *beschreiben*, was ich da mache, sondern Wertschätzung im Umgang mit Ihnen zu erkennen geben, Achtsamkeit ausdrücken.

Ein Werturteil ist eine *Stellungnahme* – ich halte etwas für *wahr* im engeren Sinne oder im weiteren Sinne für mehr oder weniger *schön*, angenehm oder *gut*, angemessen, angebracht. Zur *Wahrheit* kommen wir alsbald, verweilen wir beim *Begriff*.

12.

Der Begriff gibt Sinn, Gehalt *oder* Wert wieder. Falls er jedoch Sinn, Gehalt *und* Wert wiedergibt, könnte man ihn „gesättigt" nennen – diesfalls bringt er ein *regulatives* Prinzip zur *Geltung*, eine Idee, die als Erkenntnisgrund zu dienen vermag.

„Tisch" oder „Hörsaal" empfinden wir nicht als Wertbegriffe, wohl aber „Freiheit", „Gleichheit", „Demokratie" oder „Recht". Gustav Radbruch hat in der „Rechtsphilosophie" Gerechtigkeit, Rechtssicherheit und Zweckmäßigkeit zur *Rechtsidee* gefasst.

Wir erfahren *Recht als soziales System* – wir haben es also mit Gesellschaft, Kommunikation zu tun. Es ist unterschieden von sozialen Systemen wie Wirtschaft, denn es begreift sich als *Ordnung von Normen*, die mit ihrer *Justiziabilität*, der Gerichts- und Gerechtigkeitsfähigkeit seit alters Wertbezug aufweisen.

Begriffe können unsere abduktiven Schlüsse regulieren; an ihnen *orientieren* wir uns im Denken. Platon hat versucht, sie zu *ordnen*, jeden Begriff in zwei Unterbegriffe zu unterteilen, z. B. Tiere in Wasser- und Landtiere, und Wassertiere weiter in Fische und Wasservögel. Das nennt sich *Dihairesis* und hat das herkömmliche Verständnis der Definition über Gattung und Art geprägt. Heute wird nach den notwendigen und hinreichenden Bedingungen gefragt; die Definitionslehre ist ein Teil der Logik.

Aristoteles hat *seine* Logik gemäß der Begriffszergliederung Platons nicht als Urteils-, sondern als Begriffslogik entwickelt, weshalb er je nach der Stellung des Mittelbegriffs *drei Figuren* unterschieden hat; es ging ihm um eine *nachprüfbare* Ordnung dieser Begriffe. Die *Begriffsjurisprudenz* hat im 19. Jahrhundert in der Rechtslehre eine Ordnung der *Rechtbegriffe* angestrebt und ward zur Vorläuferin systematisierender Rechtsdogmatik, die das *geltende* Recht *als* Ordnung aufbaut und sie ausbaut.

13.

Wenn wir uns an den drei Schlüssen: Deduktion, Induktion und Abduktion in ihrer *Einheit* orientieren und derart den *Grund* für alles Wissen legen, dann bleibt noch die Frage, was es mit der *Wahrheit* auf sich.

Was wir für wahr *halten*, das kann sich als unzutreffend, als unstimmig, als nichtig erweisen. Wahrheit meint das empirisch *Zutreffende*, das formal *Gültige*, Richtige oder das *Geltende* – wie Zeidler hervorhebt, streben wir danach, allen drei Aspekten gerecht zu werden.

Wer das Moment des Zutreffenden *über*betont, beschränkt sich auf eine Korrespondenztheorie; wer das formale Moment überbetont, vertritt einzig eine Kohärenztheorie; und wer allein auf das Geltende abstellt, befürwortet eine Konsens- oder eine Diskurstheorie der Wahrheit. Da sie zusammenhängen, halten sie bei isolierter Betrachtung der näheren Prüfung nicht stand.

Sokrates hat die in der Verhandlung vor Gericht verlesenen Anklagepunkte eingehend *geprüft* und kam zum Schluss, dass das, was man ihm vorwirft, *nicht zutrifft*, er sich nicht rechtswidrig verhalten hat; dass die Anklage *widersprüchlich* ist; und dass er überdies nicht schuldhaft gehandelt hat, weshalb seine Verurteilung widerrechtlich wäre – ein *Unrecht*.

Man warf ihm vor, *nicht* an Götter zu glauben und neuartige dämonische Wesen in die Religion einzuführen – hier wird das *Daimonion* aufgegriffen, die negative Intuition nach Redensart von Sokrates, jedenfalls kein Dämon. Eudämonie ist eine gute Lebensführung. Darauf geht Sokrates aber nicht ein, sondern entgegnet: Wenn ihr behauptet, dass ich an Dämonen glaube und diese göttlich sind, dann sagt *ihr* damit zugleich auch, dass ich *doch* an Götter glaube.

Es geht sichtlich nicht um Glaubensfragen, sondern um die Stimmigkeit, *Un*stimmigkeit. Außerdem konnte nicht bewiesen werden, *dass* oder *wie* er irgendeinen konkreten Jugendlichen „verdorben" hätte. Zudem sagte Sokrates, er habe doch nicht *wissentlich* Unrecht getan.

Sokrates gab zu erkennen: Ich bin bereit, davon abzulassen, wenn ihr durch Gründe, die schlüssig sind, nachweisen könnt, dass ich im Irrtum verfangen bin. Er gab zu verstehen, dass er grundvernünftig sei. Wenn die Ankläger meinen, dass er etwas falsch gemacht habe, dann obliege es ihnen, ihn zu *belehren*, durch *rationale* Begründung.

Wenn sie davon absehen, dann gebe es keinen *Rechtsgrund* für eine Verurteilung – nicht aus Mangel an Beweisen, sondern mangels Verstoßes gegen Recht. Das Gericht habe zu Recht zu erkennen, dass er rechtschaffen sei.

[*Hier* endet der erste Teil seines Plädoyers, die Verhandlung wurde unterbrochen; *wir* unterbrechen für eine kurze Pause.]

Teil III

14

Sokrates brachte vor, dass er sich nicht rechtswidrig verhalten habe, und falls *doch* – das nennt man: Eventualbegehren, also: in eventu, dass das Gericht meint, der *habe* sich rechtswidrig verhalten, brachte er vor, er habe *nicht* schuldhaft gehandelt. Wer unwissentlich Unrecht tue, sei nicht zu bestrafen, sondern zu belehren. Im Strafrecht gilt seit je her der Grundsatz: Keine Strafe ohne Gesetz. Das ABGB sagt uns, dass sich niemand mit Gesetzesunkenntnis entschuldigen könne, aber *uns* geht es um die *Gültigkeit* des Gesetzes, es geht um das Rechtsverständnis.

Unbelehrbarkeit über Unrecht ist nur in der Entschlossenheit belegen, diesbezüglich unvernünftig zu sein. Wer zwar für sich selbst den Schutz von Eigentum und körperlicher Integrität in Anspruch nimmt, aber bereit ist, zu beschädigen, zu verletzen, weist eine Unstimmigkeit in den Gedanken auf – wenn man ihn oder sie darüber aufklärt und er oder sie sagt, das sei ihm bzw. das sei ihr *egal*, er bzw. sie *wolle* das fremde Eigentum nicht respektieren, *wolle* keinen oder manche der Mitmenschen nicht achten, dann wird sich die Gesellschaft präventive Maßnahmen überlegen, aber Sokrates sagte, sozusagen: Ich *will* ablassen, sobald ihr meinen Fehler begründet. Er war sichtlich bereit, an der Vernunft festzuhalten; seine Ansicht widerlegen, sich eines Besseren belehren zu lassen, denn er vermeinte nicht *das* zu wissen, was nicht in der Vernunft *gegründet* war.

So konnte er durchaus *hoffen*.

Die Vernunft ist eine weltliche Angelegenheit, sie betrifft die Wirklichkeit – sie ist in ihren *Möglichkeiten* auf anerkennbare Gegenstände beschränkt, die auf erfahrenen Umständen oder auf erlebten Zuständen beruhen.

Das Jenseits übersteigt die Wirklichkeit, denn wir haben den Tod nicht erlebt, die Auferstehung nicht erfahren und deshalb ist es uns zu erkennen unmöglich – und genau *deswegen,* sagt Sokrates, ist es unvernünftig, das Ableben mit *Gewissheit* für das Ende zu halten. Es *kann* das Ende sein *oder* ein Neuanfang *oder* ein Übergang – wir kennen hier wirklich nur Möglichkeiten und Wahrscheinlichkeiten.

Es bleibt jedenfalls Raum, um mit Wittgenstein zu sprechen, für „das Gefühl der Welt als begrenztes Ganzes", für Hoffnung, für den *Glauben* – nicht als Behauptung, sondern in *Zuversicht.* In diese Richtung dürfte Platon im „Phaidon" gedacht haben.

Nun gut, wenn sich Sokrates auf die *Vernunft* beruft, dann stellt sich die Frage, was genau sie ist.

Wir können sie mit Zeidler das Prinzip *aller* Prinzipien, forma formarum – die sich selbst regulierende Regel der Etablierung von Regeln oder begründendes und sich selbst begründendes Denken nennen. Als *Form* begreift sie sowohl Kausalität, Natur als auch Freiheit, Kultur in sich und ist in ihrer *Wirklichkeit* der davon umgriffene *Inhalt.*

Das denkende, vorstellende Subjekt konstituiert sich kraft reflektierenden Urteilens als ein Vernunftwesen. Das abduktive Schließen bedarf reflektierender Urteilskraft, da es *gewagt* ist: der Begriff ist *so* zu setzen, dass er von regulativen Prinzipien *zeugt,* die *das* abbilden, was als Urbild, was als Idee – was als Erkenntnisgrund *gilt.*

Diese Setzung ist *dann* nicht willkürlich, nicht bloß intuitiv, wenn und weil sie als *getreues* Zeugnis diskursiv erfolgt – als ein Wagnis, das in Hin-kunft verpflichtet, von der Zu-kunft her verbindet. Es gilt – wie Peter Zeillinger sagte – jene Regeln zu finden, zu erfinden, die das hier und jetzt ins Werk zu Setzende als der Zukunft angemessen, als davon *bestimmt* ausgewiesen haben wird, wobei sie – da sie im Kommen *bleibt* – niemals im Präsens, das *Wesen* also nicht *endgültig* benannt werden kann. Wir kommen hierauf noch zurück.

Das denkende Subjekt ist das, was *schließt*. Was für *jegliche* Erkenntnis gilt, das muss auch für die Rechtserkenntnis gelten. Ohne *Judikative* ist kein politisches Gemeinwesen konstituiert, *verfasst*. Prinzipien, Normen, Regeln bedürfen – so Zeidler – des Falles, den sie prinzipiieren, normieren oder regeln:

Die Exemplifikation der Regel geht mit der Identifikation des Falles, die Formulierung der Regel mit der Antizipation der Fälle und die Exekution einer Regel mit der Subsumtion eines Falles unter diese Regel einher.

Wer beobachtet, ist ein die Regeln exekutierendes und Fälle subsumierendes Subjekt der Erkenntnis; wer auch beteiligt ist, ist ein Regeln formulierendes, Fälle antizipierendes Subjekt der Erfahrung; wer betroffen ist, ist ein Regeln exemplifizierendes, Fälle identifizierendes Subjekt des Erlebens. Diesen *Funktionen* des Subjekts entsprechen im Staate die Exekutive, Legislative und Judikative.

Montesquieu meinte, die Staatsgewalt sollte auf diese drei Gewalten *aufgeteilt* werden, doch ist jede Staatsgewalt bereits denknotwendig darauf *verteilt*. Hans Kelsen sprach darum von drei Staats*funktionen*.

15.

„Staat" können wir als strukturelle Koppelung, als aufeinander Angewiesensein, als wechselseitiges Stützen und Erwarten von Politik und Recht in einer rechtlich zur politischen Gemeinschaft *verfassten* Bevölkerung verstehen; *staatliches* Recht ist darum: positiv – förmlich politisch gesetzt; zwangsbewehrt – machtvoll durchsetzbar; und insofern effektiv, als es Anwendung durch die Behörden und Befolgung in der Bevölkerung erwarten *lässt*.

Moderne Verfassungsgerichtsbarkeit ist die staatsrechtliche Absicherung der Rechtsstaatlichkeit, was bedeutet, dass sie rechtliche Ermächtigung und politische Macht entkoppelt, ihre Ausübung der Willkür entzieht, indem sie *unabhängig*, lediglich nach Maßgabe der Vernunft, die Verfassungskonformität prüft.

16.

Um zu zeigen, wie es möglich ist, dass der Begriff und mit ihm die begriffliche Identifizierung an Bestimmtheit, das Subjekt an Selbsterkenntnis und die Rechtsprechung an Selbstverständnis gewinnen können, wäre die vorgetragene Begründungslehre in eine Bestimmungslehre zu überführen – *das* machen wir jetzt.

Bevor wir zum *bestimmten* Begriff kommen, denken wir den *möglichen* Begriff an – wir gehen also von der Möglichkeit der begrifflichen Bezugnahme aus.

In den altbewährten Denkgesetzen ist diese Möglichkeit im *Satz der Identität* angesprochen, der lautet: A ist A. Was heißt hier das „ist"? Sagen wir, dass es die *Existenz* von irgendetwas meint, dann ist mit „A ist A" der mögliche Begriff als die *bloße Beziehung* von Denken und Sein ausgedeutet.

Wenn wir uns alles Seiende *wegdenken*, weil wir uns fragen, wie wir es *überhaupt* denken können, so kann die Möglichkeit, die verbleibt, nur Beziehung sein. Der Ausgangspunkt ist keine *Substanz*, sondern eine Beziehung: Es geht uns nicht um etwas Bestimmtes, sondern vorerst bloß um *Etwas* überhaupt.

Wenn „Substanz" nicht – führte Zeidler aus – der konkrete, akzidentiell und relational bestimmte Gegenstand sei, dann sei sie das transzendentale Substrat der Bestimmbarkeit, das aller bestimmten Prädikation zugrundeliegende Allgemeine. Wie Sie sehen, denken wir jetzt *a priori – vor* der Erfahrung, und bevor wir *sie* gemacht haben, kann es nicht Dieses und Jenes geben.

Was sagt uns das *praktisch*? Es sagt uns, dass ursprünglich kein Unterschied zwischen Diesem und Jenem, dem Anderen und Demselben besteht: alles ist *gleich-gültig*. Wie können wir uns das *vorstellen*?

Als bloßes *Erleben*; der Zustand, von dem die Rede war – wenn Sie erleben, dann *widerfährt* Ihnen etwas, *im* Erleben ist kein „Ich", sondern – um Levinas zu bemühen – so etwas wie ein „Sich" oder „Mich", es *betrifft* uns etwas: das Sein, worum es daweil geht, ist ein Betroffen*sein*.

Wir müssen unser Ich erst noch herausbilden, es muss sich erst konstituieren – und es positioniert sich bekanntlich als ein *souveränes* Selbst, das *bestimmt*, *was* oder *wer* oder *wie* dies und jenes ist, *aber* es bleibt gewahr, dass sich ihm *nicht* alles fügt; sobald es die Spur eines anderen Ichs vernimmt, ist es abgesetzt – es ist ihm gewissermaßen ausgesetzt, das andere Ich stört irgendwie die Ordnung.

Falls jemand hier und jetzt plötzlich sein oder ihr Mikrophon anstellt, so ist für den Augenblick meine Souveränität dahin – *nachher* könnte ich mich als Souverän inszenieren und sagen: „Stellen Sie es bitte ab", und schon das „bitte" deutet an, dass sich in *sozialer* Beziehung *Gleich*ordnung durchsetzt, sie *erhebt* sich über mich – wird zum Überich, psychoanalytisch gesehen.

Menschen haben wiederholt versucht, andere Menschen zu beherrschen, sie zu unterwerfen – denken Sie nur Sklaverei in früheren Tagen, doch es *kann* kein Mensch über einen anderen vollends verfügen – der Mitmensch leistet, sagte Branko Klun, einen *ethischen Widerstand*, und sein *Bitten* birgt ein *Gebieten*.

17.

Von Angesicht zu Angesicht und in Ansehung von Betroffenheit auch bei *anderen* entsinnen wir uns der Idee der Persönlichkeit – ein *Mensch* ist fassbar, greifbar, verfügbar, aber seine *Person* ist es nicht, sie ist das Unverfügbare *am* Menschen. „Person" bedeutet, dass jemand *normativ* erwarten darf. Falls das, was ich kognitiv erwarte, nicht eintritt, müsste ich dazulernen, aber mit der normativen Erwartung verhält es sich anders: wenn Sie erwarten, dass die Straßenverkehrsordnung eingehalten wird, müssten Sie die Erwartungshaltung – soweit sie kontrafaktisch stabilisiert ist – *nicht* aufgeben, falls sie nicht eingehalten wird: Das *Recht* hat in der Gesellschaft die Funktion, uns zu sagen, was wir normativ erwarten *dürfen*.

An Anrecht begriffen ist „Persönlichkeit" die *Würde*, mithin der Inbegriff der menschlichen Grundrechte. Die Souveränität ist konstruiert, das *offene* Ich dekonstruiert ein ausgrenzendes Selbst, denn vor der Erfahrung kann das Andere nur *im* Selben sein. Um sich das vorzustellen, denken Sie daran, dass es eine Zeit gab, als Sie kein Ich-Bewusstsein hatten – Sie waren als Kleinkind, um den Titel eines Betrags von Zeillinger zu zitieren, „ohne Selbst, aber in Gemeinschaft", in sozialer Beziehung und *Beziehung* ist vor der Erfahrung.

Repräsentative Demokratie, wie *wir* sie verstehen, würdigt den Menschen mit rechts*politischer* Gleich*wertigkeit*, sie drückt den Gemeinwillen in einem möglichst fairen Prozess aus; ihre *Rechts*politik versteht sich als *Vermittlung* zwischen möglichen gegenläufigen, widerstreitenden Belangen durch begründbare Regulierung. Demokratische Legitimation hängt – wie Möllers bemerkte – nicht von Vernünftigkeit ab, denn Demokratie ist ein Verfahren zur Willensbildung und der Gleichheitsgrundsatz nötigt keine Rechtfertigung für das *Wollen* ab.

Rechtfertigungsbedürftig ist das *Sollen*: was gewollt ist, das muss nicht rational begründet sein, aber begründbar muss das sein und bleiben, was gesollt ist – nicht *Politik*, sondern *Recht* ist zu rechtfertigen, jedoch auch *Wunsch*recht, sofern es *Recht* sein soll – und damit: Rechtspolitik.

18.

Wie ist eine *Unterschiedenheit* bei ursprünglicher *Gleichheit* zu denken? Die Antwort ist: als Limitation, Beschränkung. Ziehen wir hier den *Satz vom Widerspruch* heran: „A ist nicht Non-A". Limitation ist *so* zu verstehen, wie sie sich gleichsam ebendarin ausspricht: entweder als Satz vom *ver*botenen Widerspruch „A *ist nicht* Non-A" oder als Satz vom *ge*botenen Widerspruch „A *ist* nicht Non-A". Das „ist" meint dabei nicht mehr die Existenz, sondern die Prädikation, Bestimmung. Was da dargestellt wird, in diesem Satz, ist der über die doppelte Negation affirmierte Zusammenhang von Bestätigung und Bestreitung – erläuterte Zeider: Das „ist" der Prädikation spricht die Unmittelbarkeit des Fremdbezugs und Vermitteltheit des Selbstbezugs an, drückt die Formung der Aussage aus – das *Resultat* einer prädikativen Handlung ist nicht umkehrbar, wohl aber ist es die *Handlung*.

Was folgt daraus *praktisch*? Es sagt uns, dass *erst* und *nur* die *Ent*scheidung, Handlung eine *Unter*scheidung ermöglicht. Die innere Persönlichkeit *äußert* sich im Willens*akt* der Person; sie erfordert, sie fordert Handlungs*freiheit* und sie darf sie auch *erwarten*, soweit Menschen in Anbetracht ihres Verhaltens als handelnde Personen begriffen sind.

Die Negation des *gleichen* Freiheits*wertes* birgt die Idee der Autokratie.

Der ureigene Kern aller Demokratie ist *bürgerliche* Freiheit. Das ist politische Selbstbestimmung, *beschränkt* durch die Idee der persönlichen Gleichheit. Und mit welchem Ergebnis, wozu? Kelsen sagt es uns: zur Freiheit des *Kompromisses*, Ausgleichs politischer Gegensätze und damit zum sozialen *Frieden*.

Soll *Gesellschaft* möglich sein, so müsse – erklärte Kelsen – die Freiheit der Anarchie zur Freiheit der Demokratie werden. Das Bild eines von Konsens getragenen Gesellschaftsvertrages sei demokratiebegründend, aber ihre Fortbildung erfolge durch Mehrheitsbeschluss in *Annäherung* an die ursprüngliche Idee; mehr Stimmen haben keineswegs mehr Gewicht, zeugen aber von größerer Nähe zur Idee der Freiheit. Freiheit allein könne keine soziale *Bindung* begründen, nur als *normative* Bindung konstituiere sie soziale Verbindung: Gemeinschaft.

Mit der *politischen* Freiheit denkt Kelsen die *geistige* Freiheit verbunden, im Sinne einer Freiheit der Wissenschaft und ihrer Lehre, Meinungsfreiheit, Religionsfreiheit, Medienfreiheit, usw. Für den Kompromiss muss die Möglichkeit des wechselseitigen *Austauschs* gewährleistet sein. Dem Austauschverhältnis von Regierung und Opposition, das dadurch nahegelegt ist, liegen ein Verhältniswahlrecht, das freie, verantwortete Mandat und die Sicherung der Entfaltung der Persönlichkeit nicht fern, denn Repräsentation ist *Anvertrauen* nicht nur von Angelegenheiten, sondern auch von Anliegen und somit, in Hinsicht auf sozialen Frieden, Rückbezüglichkeit des Mehrheitsbeschlusses *auch* auf die Minderheit – zumutbare Drittwirkung, Wechsel*beziehung*.

Ein Kriterium für die Prüfung der Kompromissfähigkeit eines politischen Programms ist die Frage, inwiefern es die Anliegen aller jener zu berücksichtigen erlaubt, die es *nicht* befürworten.

Von der Tendenz, die Majorität zu bilden, zu gewinnen, geht nach Kelsen die Wirkung aus, dass *zwei* Gruppen verbleiben, indem die Differenzierungs- und Spannungstriebe bis auf einen grundsätzlichen Gegensatz überwunden werden; und sind alle politischen Parteien im Verhältnis zu ihrer Stärke im Parlament vertreten, sei die *tatsächliche* Interessenlage darin dargestellt.

Besteht die Bereitschaft zur *gemeinsamen* Entscheidung, zu gemeinschaftlicher Willens*bildung*, so ist eine *demokratische* Identität geben. Wir erwähnten den Satz der Identität, und den Satz vom Widerspruch – unerwähnt bliebt noch der *Satz vom ausgeschlossenen Dritten*: A ist entweder B oder Non-B *tertium non datur*. Der Satz schließt zwei weitere Sätze ein, jenen der Bestimmbarkeit: „A ist B" und jenen vom zureichenden Grund: „wenn – ein anderes – B, dann Non-B".

Mit „B" ist das „nicht Non-A" gemeint, das sich als *Anderes des A* zur Bestimmung des A verändert hat. Was bedeutet das? Sobald „A" ein „Dieses" ist, ist es auch ein „Anderes", denn nur *so* ist es denkbar – kein Gegenstand ist ohne Eigenschaften, Substanz nicht ohne Akzidens; keine Identität ohne Alterität.

Bedenken Sie, dass das Subjekt angesprochen *ist*, bevor es sich selbst erkennt. Jacques Lacan hat sich damit befasst, *wie* wir jemanden identifizieren. Wir sagen zu Kindern: *Das bist du!* Wir benennen das Kind, wir sprechen es an, noch bevor es sich selbst erfahren hat.

Jacques Derrida sprach von „différance", geschrieben mit „a", nicht mit „e", womit er den ursprünglichen Unterschied meint, der *nicht* herauszuhören ist. Nur im Aufschub sowie im Unterschied *zu* uns selbst, können wir uns *auf* uns selbst *als* dieselben beziehen.

Erfahrung ist die der Wissenschaft – wie Kurt Walter Zeidler in seinen „Prolegomena zur Wissenschaftstheorie" dargelegt hat, sowohl *vor*gegebene als auch *auf*gegebene *Sinninstanz*, sie sei als *Problem* zu verstehen, die Wissenschaft*en* als Verfahren zur Problemlösung: Der Zusammenhang zwischen dem Problem, der Problemfestlegung, dem Entwurf von Lösungsstrategien und der Problemlösung *ist* der Zusammenhang von Erfahrung, Gegenstandsbereich, Hypothese und Theorie.

Reguliert sei dieser Zusammenhang durch die konstruktiven Methoden der Feststellung des Problems durch Definition und Konvention, induktive Methoden des Problemlösungsentwurfs durch Annahmen und Versuche, weiters deduktive Methoden der entscheidungstheoretischen Hypothesenauswahl sowie der beweistheoretischen Theorienanalyse und reduktive Methoden der Theorienüberprüfung und -konditionierung. *Forschung* sei von stabilisierenden wie auch von dynamisierenden Methoden bzw. Verfahren durchzogen.

Diese *universellen* Methoden sind insofern *logische*, als sich in ihren der selbstregulative Zusammenhang der drei Schlüsse ausdifferenziert.

Wenn *vor* der Erfahrung die *Beziehung* ist, dann ist auch vor dem *Wissen* ein sozialer *An*spruch – stellen sie sich Unbehagen vor, das sich nachträglich als *Gewissen* äußert; das Daimonion, wovon Sokrates sprach.

Wir nannten den Satz, von dem *wir* sprechen, den Satz vom *ausgeschlossenen* Dritten, doch der Satz bekundet, *dass* es des Dritten, der Gemeinschaft bedarf, um Synthesis und Analysis, Trennung und Vermittlung zu ermöglichen. „B" und „Non-B" unterscheiden sich *in* Bezug auf „A". Wir könnten das auch *so* sagen: Alterität ist a priori im Plural.

20.

Nun ist es bekanntlich so, dass *jede* gedankliche Bestimmtheit bestritten werden kann – man *kann* alles anzweifeln, aber man *wird* es vernünftigerweise nicht tun, da ein *zureichender* Grund für Zweifel an B in Bezug auf A nicht irgendeine abstrakte, eine unbestimmte Negation des B, sondern nur ein *anderes* B ist. „Wenn B, dann Non-B" – da ist das Non-B nicht die Bedingung, sondern das Bedingte.

Was heißt das *praktisch*? Kognitive Offenheit kennt keinen Abschluss. Das Rechtssystem operiert *normativ* geschlossen, denn es versteht sich als *Ordnung* von Normen, aber es bleibt kognitiv offen – *es* behauptet nicht die Endgültigkeit schlüssig begründeter Normen. Die *Möglichkeit* der kritischen Rückfrage nach ihrem Geltungsgrund *lässt* sich nicht ausschließen. Darum hält *demokratische* Gesinnung an *Toleranz* fest; Kelsen hat uns das ins Bewusstsein gerufen.

Wenn und weil *alles* einen zureichenden, aber keinen ersten oder letzten *Bestimmungs*grund hat, bleibt wissenschaftlicher *Fortschritt* möglich. Fortschritt vollzieht sich *in* der anhaltenden Spannung von Meinung und Gegenmeinung im Rückgriff auf die Erfahrung. Sofern und soweit sich Erwartung der Erfahrung *verschließt*, befördert sie politischen Absolutismus.

Der empirische Gegenstand ist nicht das *Gegebene*, sondern zeitlich und räumlich dimensioniert *Gedachtes:* aus *Umständen* der Erfahrung werden, wie wir sagten, die wieder*erkennbaren* Gegenstände.

21.

Erkenntnis*kritik* hat Sokrates in Bedrängnis gebracht. Er hätte vor dem Prozess auswandern oder im Prozess die Verbannung, seine Ausbürgerung beantragen können, doch tat er das nicht. Die Ankläger forderten seinen Tod, vielleicht, *um* ihn zur Flucht zu bewegen, aber er *blieb*, obwohl er – wie dem Dialog „Kriton" zu entnehmen ist – die Gelegenheit hatte, zu fliehen.

Sokrates war nicht gewillt, aus der politischen *Gemeinschaft* zu treten, ungeachtet ihrer Politik, von der er sich distanzierte. Er war Bürger *der* Polis, die er kannte und die *ihn* kannte, und da er sich nicht vertreiben ließ, übte er sich als *rechtschaffener* Bürger in Rechtskritik.

Ethik und Politik sind Eins in der Pflicht zur Recht-fertigung in Hinsicht auf Gerechtigkeit, die im Kommen bleibt und darum im Diskurs gegenwärtig ist – sie richtet ihn aus, indem sie ihn *öffnet* und – wie Peter Zeillinger ausgeführt und am Beispiel der antiken Hikesie oder Asylie verdeutlicht hat – die Berufung auf die Grundlagen des Zusammenlebens, Anrufung einer nicht definitiv identifizierbaren, sondern symbolisch repräsentierten Letztinstanz ermöglicht – als ein Mehr *im* Recht, das gegen die Staatsgewalt einklagbar ist. Die Rechtsanwendung müsse auf ihren Gerechtigkeitsbezug hinterfragbar, das heißt: sie müsse dekonstruierbar bleiben.

Rechts*kraft* greift Gerechtigkeit *vor*, setzt Recht ethischer Kritik aus. Im Wege der Formung der Alltagsmoral drücken *wir* die Geltung von Achtsamkeit, *Verträglichkeit* als Grund für ihre Normengültigkeit aus; im Zuge der Formung des Rechts legen wir Zeugnis von *Sozial*verträglichkeit als Grund für Gesetze ab.

Gerechtes ist gerechtfertigtes Recht: Recht, das annehmbar ist – juristischer Diskurs ist gewagt, weil er entscheidend dafür ist, ob die Norm als sozialverträglich *gegolten haben wird*, was das Werturteil abnötigt, dass Effektivität erwartet werden *darf*.

22.

Die *rechtliche* Entscheidung muss daraufhin befragbar *bleiben*, inwiefern sie als gerecht *gelten* kann. Gerechtigkeit muss sich allzeit *ereignen* können.

Aussicht auf Gerechtigkeit ist Sokrates versagt geblieben, denn für eine wirksame Strafverteidigung war die Zeit zu knapp bemessen, Mitglieder des Gerichts waren befangen, gegen das Urteil waren keine Rechtsmittel vorgesehen und der Tod lässt keine Entschädigung zu – das Urteil zeugt von der Anmaßung, über die unverfügbare Person zu verfügen; *darum* und weil es durch Abkehr von der Rechtsidee rechts*grundlos* ergangen ist, ist es *ethisch* besehen ungerecht, *juristisch* gesehen ungültig, nichtig – Nicht-Recht, *Unrecht*.

Sokrates hat *ethischen* Widerstand geleistet. Er leerte den Schierlingsbecher, um *gewaltfrei* aufzubegehren, um glaubhaft zu erkennen zu geben, dass von der Philosophie *keine* Gefahr für die gemeinschaftliche Ordnung ausgeht; um zu versuchen, die Idee der *Freiheit* auf die Idee der *Gleichheit* zu verpflichten, auf eine demokratische Gesinnung, auf die Ethik der Toleranz.

23.

Die letzten Worte des Sokrates, die Platon im „Phaidon" notiert, galten einem Dankopfer für Asklepios, den Gott der Heilkunst, wodurch er zu bedenken gab, dass die gedankliche Genesung von Unvernunft dem Menschen zeitlebens aufgegeben ist.

Da er es nicht für selbstverständlich hielt, *selbst* zu denken, starb er für die Kritik, die er lebte; *so* legte er uns die Vernunft ans *Herz*.